URNAITHE DÚCHAIS
PRAYERS FROM THE IRISH TRADITION

SALTAIR

ARNA ROGHNÚ AG
PÁDRAIG Ó FIANNACHTA

*WITH ENGLISH TRANSLATIONS BY
DESMOND FORRISTAL*

THE COLUMBA PRESS
DUBLIN 2000

Praise to the King who is not miserly,
praise at all times to God.
Praise and thanksgiving to Jesus Christ
for the food that we have eaten.

May he who gave us this food
give us also the food of everlasting life.

PRAYER BEFORE WORK

Let us do the will of God,
let us merit the life of the saints,
let us hear the voice of the angels,
and see the light of heaven.

Be in my heart, O Jesus, to fix my thoughts on you;
be in my heart, O Jesus, to give me sorrow for sin;
be in my heart, O Jesus, to fill me with devotion;
O Jesus, loving God, may you never part from me.

Without you, O Jesus, my thoughts can never please me;
without you, O Jesus, I cannot write or speak;
without you, O Jesus, all I do is useless;
O Jesus, loving God, stand before me and behind me.

BLESSINGS ON WORK

May God and Mary put their blessing on all our work.

God bless the work.

In the name of God may this work be done.

Moladh leis an Rí nach gann,
Moladh gach am le Dia.
Moladh is buíochas le hÍosa Críost
Ar son ar chaitheamar de bhia.

An té a thug an bheatha seo dúinn,
Go dtuga sé an bheatha shíoraí dár n-anam.

PAIDREACHA ROIMH OBAIR

Réir Dé go ndéanam!
Beatha na Naomh go dtuilleam!
Glórtha na n-aingeal go gcloiseam
Is solas na bhFlaitheas go bhfeiceam!

Bí, a Íosa, i mo chroíse, i gcuimhne gach uair;
Bí, a Íosa, i mo chroíse le haithrí go luath;
Bí, a Íosa, i mo chroíse, le dúthracht go buan;
Ó, a Íosa, a Dhé dhílis, ná scar thusa uaim.

Gan Íosa mo smaointe ní thaitníonn liom féin;
Gan Íosa ní scríobhaim ná ní bhogaim mo bhéal;
Gan Íosa mo ghníomhartha ní maith iad sa saol;
Ó, a Íosa, a Dhé dhílis, bí romham is i mo dhéidh.

BEANNACHTAÍ AR OBAIR

Go gcuire Dia is Muire an rath ar ár gcuid oibre.

Bail ó Dhia ar an obair.

In ainm Dé an obair seo.

DURING WORK

Dearest Jesus, I offer myself to you, soul and body,
in union with this work.
Jesus, delight of my heart, give me a burning love for you.
Jesus, my hope and my consolation,
grant me to do your will.
Mary, Mother of Graces,
strengthen me and help me.

BAKING BREAD

The bounty of God and the blessing of Patrick
on all that I see and take.
The bounty God gave the five loaves and two fishes,
let him give to this food.

END OF WORK

The blessing of God on the souls of the dead,
and may the great God leave us our life and our health,
and may God bless our work
and the work of all Christians.

GOING ON A JOURNEY

O God, bless every step
that I am taking,
and bless the ground
beneath my feet.

∽

AG OBAIR

A Íosa ionúin, toirbhrim mé féin duit idir anam is chorp
mar aon leis an obair seo.
A Íosa, a mhilse mo chroí, tabhair grá lasúin dom ort.
A Íosa, mo dhóigh is mo shólás,
tabhair dom do thoil a dhéanamh.
A Mhuire, a mháthair na ngrás,
neartaigh agus cuidigh liom.

AG DÉANAMH ARÁIN

Rath Dé agus bail Phádraig
ar a bhfeicfidh mé agus ar a nglacfaidh mé.
An rath a chuir Dia ar an gcúig arán agus ar an dá iasc,
go gcuire sé ar an mbeatha seo.

CLABHSÚR

Beannacht Dé le hanmanna na marbh,
is go bhfága Dia mór ár saol is ár sláinte againn,
agus go gcuire Dia rath ar ár saothar
agus ar shaothar na gCríostaithe.

TAISTEAL

A Dhia, beannaigh an chéim
a bhfuil mé ag dul.
Beannaigh dom an chré
atá fém' chois.

∽

May Christ and Mary
go with us the length of the road;
may our journey not be in vain
but may every inch of it be for our good.

⌒

In the name of the Father All-powerful,
in the name of the Son who suffered,
in the name of the Holy Spirit, the strengthener,
Mary and her Son be with us on our journey.

⌒

Seven times seven prayers, Mary to her Son,
Brigid with her mantle, Michael with his shield,
God with his power,
between me and the fire that would smother me,
between me and the water that would drown me,
between me and the death that comes suddenly,
to guard me, to save me,
to protect and defend me.

Go raibh Críost agus Muire
Dár dtionlaic feadh an bhóthair;
Nára turas é in aistear,
Gura tairbheach gach orlach.

⚭

In ainm an Athar le bua
In ainm an Mhic a d'fhulaing pian,
In ainm an Spioraid Naoimh le neart,
Muire is a Mac linn 'nár dtriall.

⚭

Seacht bpaidreacha faoi sheacht, a chuir Muire lena Mac,
A chuir Bríd faoina brat, a chuir Micheál faoina sciath,
A chuir Dia faoina neart,
Idir mé agus tine mo mhúchta,
Idir mé agus uisce mo bháite,
Idir mé agus bás obann,
Le mo chumhdach, le mo shábháil,
Le mo chosaint agus le mo ghardáil.

NIGHT PRAYERS

BEFORE THE ROSARY
Glory to God on high
and to the bright and blessed Virgin
who was born to conquer sin.
May the Redeemer
and the Blessed Virgin
give a share in the kingdom of heaven
to ourselves and to our children
and to all the people of the world.

AFTER THE ROSARY
Visit this house, we pray you, Lord,
and drive from it all the snares of the devil.
May your holy angels dwell in it
and guard it always
and may your own blessing stay with us forever.
Through Christ our Lord. Amen.

IN HONOUR OF THE TRINITY
The Trinity ever ancient, the Trinity ever young,
the Trinity ever mighty in the Kingdom of Glory,
the Father, the Son and the Holy Spirit,
to save me and protect me
from this night to a year from this night
and on this night itself.

paidreacha na hoíche

Roimh an Choróin
Glóir do Dhia go hard
Is don Mhaighdean ghléigeal bheannaithe
Do gineadh in aghaidh an pheaca.
Go roinne mo Shlánaitheoir
agus an Mhaighdean Bheannaithe
Ríocht na bhFlaitheas
linn féin is lenár leanaí
Is muintir an domhain le chéile.

Tar éis na Corónach
Tabhair cuairt, a Thiarna, ar an teach seo
Agus díbir uaidh gach cealg ón diabhal.
Go ndéana na haingil bheannaithe áras ann,
á chosaint i síocháin,
Agus go gcónaí do bheannacht féin go síoraí inár measc.
Trí Chríost ár dTiarna. Amen.

In Onóir na Tríonóide
An Triúr is sine, an Triúr is óige,
An Triúr is treise i bhFlaitheas na glóire,
An tAthair, an Mac is an Spiorad Naomh,
Do mo shábháil, do mo ghardáil
Ó anocht go bliain ó anocht
Agus anocht féin.

IN HONOUR OF THE PASSION
Son of God, who went up on the cross
and shed on us the blood of your limbs,
now the time has come for us;
let it not be a time of danger.

⌒

Under your protection,
O King who stretched your limbs on the cross,
and who suffered in your body
a hundred thousand wounds,
under your protection I lie down tonight;
may the fruit of the tree where you suffered
be all around me.

FOR A HAPPY DEATH
Some day I must die;
I know not the time nor the place.
Let me not die in sin
but wrapped in your loving grace.

BANKING THE FIRE
I keep life in this fire as Christ keeps life in us all.
Mary on the crown of this house and Brigid in its heart.
The eight mightiest angels of the City of Grace
protecting this house and this household
and keeping its people in safety.

In Onóir na Páise

A Mhic a chuaigh sa chrann
Is do lig orainn fuil do bhall,
Siúd é chugainn an t-am
Is ná lig ár n-am i ngeall.

༃

Faoi do dhíon,
a Rí do shín do ghéaga ar chrois
Is d'fhulaing tríot
na mílte céadta loit,
Luímse síos faoi dhíon do scéithe anocht,
I mo thimpeall
fíor an chrainn do chéas do chorp.

Ar son Bháis Shíochánta

Caithfidh mé bás a fháil
Ní fios dom cén t-am, cén áit.
Ná lig dom bás sa pheaca
Ach i gcrioslach fial do ghrás.

Coigilt na Tine

Coiglím an tine seo mar a choigil Críost cách.
Muire ar mhullach an tí agus Bríd ina lár.
An t-ochtar ainglí is tréine i gCathair na nGrás
Ag cumhdach an tí 's an teallaigh seo
agus a mhuintir a thabhairt slán.

PUTTING OUT THE LIGHT
May God never quench the light of heaven for our souls
or for the souls of the dead who have gone before us
in the sign of faith.

PUTTING A CHILD TO SLEEP
May the blessing of God come upon you, child.
I put you under the protection of Mary and her Son,
under the protection of Brigid and her mantle,
and under the protection of God this night.

BLESSING THE BED
(While making the Sign of the Cross three times over the bedclothes)
The cross of Christ between me and all enemies of my
soul and body.

࿊

May the bed we sleep in
be a bed of peace and rest,
and may we rise at morning
in the lasting care of God.

BEFORE GOING TO SLEEP
May I lie with Mary and may Mary lie with me.
May I sleep with Jesus and may Jesus sleep with me.
May I rise with Mary and may Mary rise with me.
May I live with Jesus and may Jesus live with me.

࿊

AG MÚCHADH AN TSOLAIS

Nár mhúcha Dia solas na bhFlaitheas ar ár n-anam
Ná ar anamacha na marbh atá imithe romhainn
Le comhartha an chreidimh.

LE LINN LEANBH A CHUR A CHODLADH

Dia do do bheannachadh, a linbh.
Cuirim thú ar dhíon Mhuire is a Mic,
Ar dhíon Bhríde agus a brait,
Agus ar dhíon Dé anocht.

BEANNACHT AR LEABA

(Ag déanamh fíor na croise trí huaire ar éadach na leapa.)
Cros Chríost idir mé agus namhaid m'anama agus mo
choirp.

∽

Go raibh ár leaba chodlata
Ina leaba shocair shuain,
Is go n-éirímid ar maidin
I ndídean Dé go buan.

ROIMH CHODLADH

Go luí mé le Muire agus go luí Muire liom.
Go gcodlaí mé le hÍosa agus go gcodlaí Íosa liom.
Go n-éirí mé le Muire, go n-éirí Muire liom.
Go maire mé le hÍosa, go maire Íosa liom.

∽

May we lie down with you, O God, tonight;
may God lie down with us.
May the Son who kept us safe this day,
keep us safe this night.
May the Son who redeemed us
take us into his care.

Go luímid leat, a Dhia, anocht,
Go luí Dia linn.
An Mac a thug slán ón lá sinn,
Go dtuga sé slán ón oíche sinn.
An Mac a cheannaigh sinn
Go mba é a ghlacfaidh sinn.

prayers at mass

Sunday
We bid you welcome, blessed Sunday,
a fine and lovely day after the week,
a fine and lovely day to speak to Christ.
Stir your feet and make your way to Mass.
Stir your heart and drive from it all spite.
Stir your lips and speak words of blessing.
Look up and see the Son of the blessed Nurse,
the Son of the Virgin, for it was he who redeemed us;
may we be his in life and in death.

On the way to Mass
Let us walk together with the Virgin Mary
and the other holy people
who accompanied her only Son
to the Hill of Calvary.

Entering the Church
Blessed is the house of God,
and we ourselves bless it;
here he dwells with the twelve apostles.
May the Son of God bless us.

☙

My respects to you, Jesus Christ;
my respects to you, glorious Virgin;
my respects to you, church of God;
my respects to you, chapel of the Trinity.

paidreacha le linn an aifrinn

AN DOMHNACH

Dé bheatha chugainn, a Dhomhnaigh bheannaithe,
Lá breá aoibhinn tar éis na seachtaine,
Lá breá aoibhinn chun Críost a agallamh.
Corraigh do chos is téire chun an Aifrinn.
Corraigh do chroí agus díbir an ghangaid as.
Corraigh do bhéal chun bréithre beannaithe.
Féach suas ar Mhac na Banaltran,
Mac na hÓighe, ós é a cheannaigh sinn,
Gur leis a bhuafar beo agus marbh sinn.

AG DUL GO DTÍ AN TAIFREANN

Siúlaimid mar aon leis an Maighdean Muire
Agus leis na daoine naofa eile
A bhí ag tionlacan a hAon-Mhic
Ar Chnoc Chalvaire.

AN SÉIPÉAL

Is beannaithe tigh Dé
Is beannaímid féin dó
Mar a bhfuil sé leis an dá aspal déag.
Go mbeannaí Mac Dé dúinn.

∽

Umhlaím duitse, a Íosa Críost;
Umhlaím duitse, a Mhaighdean ghlórmhar;
Umhlaím duitse, a eaglais Dé;
Umhlaím duitse, a shéipéil na Tríonóide.

O Lord, I love you,
and have come here to visit you,
to ask for your favour
through the fruit of your passion
and the prayers of your Mother.

PRAYER BEFORE MASS
I offer my intentions with the intentions of the Mass,
I offer my heart, my thoughts and my mind,
through the intercession of the Blessed Lady,
that I may be given a Christian's share in the Mass.

PENITENTIAL RITE
I confess to you, great God all-powerful,
my sins, my faults beyond number,
from the day of my christening to the day of my wake,
through the thoughts of my heart,
through the sight of my eyes,
through the hearing of my ears,
through the words of my mouth,
through the course of my journey,
through all that I have said that was untrue,
through all that I have promised and not fulfilled,
through all I have done to break your laws
and your holy commandments.
I ask now for your forgiveness
in the gentle name of Jesus,
for fear I may never have asked it before
in the way a sinner like me should ask it,
and for fear I may not live to ask it again,
in the name of the Father and of the Son and of the
Holy Spirit.

A Thiarna, gráim thú
Mar is ag triall ort a thánag
Ag iarraidh do ghrásta,
Trí thoradh do pháise
Agus trí impí do mháthar.

ROIMH AN AIFREANN

Ofrálaim m'intinn le hintinn an Aifrinn,
Mo chroí, mo smaointe agus m'aigne,
Trí impí na Bantiarna beannaithe
Cion Críostaí a thabhairt dom don Aifreann.

GNÍOMH AITHRÍ

Admhaím duit, a Dhia mhóir na n-uile chumhacht,
Mo pheacaí, iomad mo mhórlocht,
Ó lá mo bhaiste go dtí lá mo thórraimh,
Trí smaointe mo chroí,
Trí radharc mo shúl,
Trí chlos mo chluas,
Trí ráite mo bhéil,
Trí chúrsa mo rian,
Trína ndúrt nach raibh fíor,
Trínar gheallas agus nár chomhlíonas,
Trínar réabas de do dhlithe
Agus de d'aitheanta naofa.
Iarraim aspalóid ort anois féin
In ainm milis Íosa,
Ar eagla nár iarras riamh í
Mar ba chóir don pheacach seo,
Agus nach mairfinn lena iarraidh arís,
In ainm an Athar agus an Mhic agus an Spioraid Naoimh.

ACCLAMATIONS FOR THE GOSPEL

O God, shining and gracious,
Father of all graces,
who by your own will suffered
and were put to death,
only Son who freed us
from sin and from death,
help us now in all our needs.

Jesus, cleanse my heart each day and make it spotless.
Jesus, rule my mind by the power of your love.
Make truly clean my thoughts
and the words of my mouth,
and, dear Lord God, direct my life now and forever.

Truth is in your gospel, Son of God,
light and teaching and strength for the weak.
Give us the grace to be always obedient
to your will and your commands, eternal Lord.

PROFESSION OF FAITH

I believe in God the Father
who made heaven and earth,
and in Jesus Christ, his Son,
who was born of the Virgin Mary.

Who suffered the bitter passion
under Pontius Pilate long ago,
the agony and the torture
on the high cross, beyond a doubt.

COMHGHÁIR DON SOISCÉAL

A Dhia ghléigeal na féile
Is a Athair na ngrás,
Le do réthoil a céasadh
Is a cuireadh chun báis,
A Aon-Mhic a shaor sinn
Ó pheacaí is ó bhás,
Riar 'nois dúinn ár gcás.

∞

A Íosa, glan mo chroíse go gléghlan gach lá;
A Íosa, cuir m'intinn faoi léirsmacht do ghrá.
Déan mo smaointe go fíorghlan agus briathra mo bhéil
Is, a Thiarna, a Dhé dhílis, stiúraigh choíche mo shaol.

∞

Fírinne atá i do shoiscéal, a Aon-Mhic Dé,
Solas is teagasc is neart don tréith.
Tabhair dúinn mar ghrásta go brách bheith umhal
Do do thoil agus do do chuing, a Thiarna bhuain.

AN CHRÉ

Creidim i nDia an tAthair
A chruthaigh neamh is talamh
Is in Íosa Chíost, a Mhacsan,
A rugadh ó Mhuire Ógh.

A d'fhulaing páis peannaid
Faoi Phontias Piolóid sealad,
Do céasadh is do greadadh
Ar ardchrois gan ghó.

Who died because of the sin
committed by Eve and Adam,
who went to rescue the souls
in the sorrowful place of hell.

At the coming of the third morning,
he rose in strength from the grave,
and takes his seat most certainly
at the right hand of God all-powerful.

From there he shall come again
riding upon the clouds,
to pass judgement on those who have died,
and he shall do no-one an injustice.

To the Holy Spirit I submit henceforth
and to the holy Church of Peter,
founded firmly upon a rock,
which shall be unshaken forever.

Which the devil and his angels
are forever trying to topple
and bring about its downfall,
but without success, it is certain.

In the communion of saints and angels,
in the forgiveness of sins,
in the resurrection of the dead,
in eternal life, beyond a doubt.

Fuair bás de bharr an pheaca
Do rinne Éabha fara Adam.
Chuaigh faoi dhéin na n-anam
Go hifreann na mbrón.

Ar theacht don tríú maidin
D'éirigh tréan ó thalamh
Is tá ina shuí go dearbh
Ar dheaslámh Dé na gcomhacht.

As sin arís a thagann
Ag marcaíocht ar na scamaill
Chun breith a thabhairt ar mhairbh
Is nach ndéanfaidh sé éagóir.

Don Naomh-Spiorad géillim feasta
Is do Theampall Naofa Pheadair
Tá suite dlúth ar charraig
Is nach luascfaidh go deo.

Go bhfuil an diabhal is a aingil
Ag iarraidh choíche feacadh
Do bhaint is leagan aisti
Gan buachan, ar ndóigh.

I gcomaoine naomh is aingeal
I maithiúnas na bpeacaí
In aiséirí na marbh
Insa tsíoraíocht gan ghó.

AT THE OFFERTORY

Christ's is the seed,
Christ's is the harvest,
to the barn of Christ
may we be brought.

Christ's is the sea,
Christ's is the fish,
in the nets of Christ
may we be caught.

From growth to age,
from age to death,
your two arms, Christ,
around about us.

From death to the end,
not end but re-growth,
in the heaven of graces
may we be.

AFTER THE CONSECRATION

A thousand welcomes to you, child born in the stable,
and welcome twenty times over
to the child of your mother.

∞

A thousand welcomes to you, Body of the Lord,
Son born of the fair and gentle Virgin,
it was your death on the cross of the passion
that delivered the children of Eve and overcame sin.

AN OFRÁIL

Ag Críost an síol
Ag Críost an fómhar
In iothlainn Dé
Go dtugtar sinn.

Ag Críost an mhuir
Ag Críost an t-iasc,
I líonta Dé
Go gcastar sinn.

Ó fhás go haois,
Ó aois go bás,
Do dhá lámh, a Chríost,
Anall tharainn.

Ó bhás go críoch,
Ní críoch ach athfhás,
I bParthas na nGrás
Go rabhaimid.

TAR ÉIS AN CHOISREACAIN

Fáilte romhat, a Linbh a rugadh sa stábla,
Is fáilte agus fiche roimh
Leanbh do Mháthar.

Míle fáilte romhat, a Choirp an Tiarna,
A Mhic a shíolraigh ón Óigh is gile 's is míne
is é do bhás-sa ar chrann na páise
D'fhuascail síol Éabha is bhascaigh coir.

AT THE OUR FATHER

Our Father in heaven on high,
may your name be always blessed,
your kingdom come, your will be done
on earth as in the kingdom of Paradise.
Give to us our daily bread
and forgive us our sins of ignorance
as we forgive others, and let us not weaken
but save us from unforeseen death.

AT THE SIGN OF PEACE

The peace of the Father of good fortune,
the peace of Christ in his passion,
the peace of the Spirit of graces,
be with us and with the young generation.

∞

The peace of God on the children of Eve.

∞

May God put the angel of peace between us.

BEFORE HOLY COMMUNION

Father dear, who ransomed us
and are like the sun on the sea,
forgive us every single sin
we committed in the past and on this day.
From heaven, O God, forgive our faults
so that we may happily receive Our Lord today.

∞

ÁR NATHAIR

Ár nAthair atá sna Flaithis go hard
Go naofar tráth t'ainmse.
Go dtige do ríocht, do thoil ar an saol,
Mar a dhéantar i gcríoch Pharthais.
Ar n-arán laethúil, tabhairse dúinn,
Is maith dúinn ár gcionta ainbhis,
Mar a mhaithimid do chách, is ná lig sinn i dtlás,
Ach saor sinn ó bhás anabaí.

SÍOCHÁIN DÉ

Síoth Athar an áidh,
Síoth Chríost ina Pháis,
Síoth Spioraid na nGrás,
Dúinn féin is don ál atá óg.

Síoth Dé ar shíol Éabha.

Go gcuire Dia aingeal na síochána eadrainn.

AN CHOMAOINEACH

A Athair dhil, a cheannaigh sinn
Agus atá mar ghrian ar muir,
Go maithe tú gach peaca dúinn
A rinneamar riamh 'gus inniu.
Ar neamh go maithe tú, a Dhia, ár gcoir.
Gur taitneamhach go nglacaimid ár dTiarna inniu.

Jesus, dearly beloved,
my tongue is no fit seat for you,
my heart is no fit lodging;
but only give me your blessedness
and let it remain with me forever.

∞

You are dear to me, love of my soul,
love of the Father from heaven to earth,
love of the saints and love of the angels,
love of the Virgin who bore you in the manger.
Jesus, I am not worthy for you to come under my roof,
and a miserable dwelling-place for you
is the hood of my heart.

AFTER HOLY COMMUNION
Dearest Lord, a hundred thousand welcomes.
Son of Mary, I give you my love.
Who am I that I should come to you?
King of heaven, make a little corner for me.

∞

Show me your mercy, Body of Christ,
Sacred Host most precious.
Free my breast from the rainfall of sin.
Nothing on earth is beyond your power.

∞

A Íosa, a mhuirnín mhilis,
Ní suíochán duit mo theanga,
Ní lóistín duit mo chroí.
Ach bronn orm do bheannaitheacht
Is go bhfana sí agam choích'.

∞

Muirním thú, a ansacht m'anama,
Ansacht an Athar ó neamh go talamh,
Ansacht na naomh agus ansacht na n-aingeal
Ansacht na Maighdine a rug thú sa mhainséar.
A Íosa, ní fiú mé do theacht faoi mo dhíonsa,
Is gur suarach an t-áras agat
Cochall mo chroí-se.

TAR ÉIS NA COMAOINEACH
A Thiarna mhilis, céad míle fáilte.
A Mhic Mhuire gráim thú.
Cé hé mise ar chóir dom teacht chugat?
A Rí Neimhe, déan cúinne beag dom.

∞

Gabh mo choimirce, a Choirp Íosa,
A abhlann naofa is mó maoin.
Saor mo chlí ó chith na bpeacaí.
Ní fán mbith ní deacair daoibh.

∞

Soul of my Saviour, sanctify my breast,
Body of Christ, be thou my saving guest.
Blood of my Saviour, bathe me in thy tide.
Wash me, ye waters, streaming from his side.

Strength and protection may his passion be.
O blessed Jesus, hear and answer me.
Deep in thy wounds, Lord,
hide and shelter me.
So shall I never,
never part from thee.

∽

Jesus, who saved me,
Jesus, who blessed me,
for ever and ever
may I be with you in heaven.

THANKSGIVING FOR THE MASS
The height of praise to you, great God,
for the holy worthy Mass
which you left to your poor people
to keep them free from sin and blame.

Do not desert your family or reject us,
but in our danger come to our aid.
May praise be given on every side
to the Father, Son and Holy Spirit.

A Anam chumhra an Aon-Mhic naomhaigh-se mo mheon.
A Chorp gheal Íosa, saor mé is bí taobh liom i ngach gleo.
A Fhuil a shil 'na slaodaibh, tigh taodach chugam le n-ól,
A uisce ghil a taobh Chríost, ná leig orm aon smól.

Neart is díon ó do Pháis chugainn go brách i ngach treo.
Ó, a Íosa chaomh na daonnachta, éist lenár nglór.
Folaigh sinn i do chneáibh doimhne
ó bhárthain an tsaoil mhóir,
Ná scaoil sinn choíche ar fán uait
in aon áit ach i do chomhair.

A Íosa a cheannaigh mé,
A Íosa a bheannaigh mé,
Le saol na saol
Go raibh leat i bhFlaitheas mé.

BUÍOCHAS AR SON AN AIFRINN

Sár-mholadh duit, a Dhia mhóir,
Ar son an Aifrinn naofa chóir,
A d'fhág tú ag do dhaoine bocht'
Lena gcoinneáil saor ó pheaca is locht.

Ná tréig do chlann, ná diúltaigh sinn,
Ach inár gcontúirt, cuidigh linn.
Go moltar choíche ar gach taobh
Athair, Mac is Spiorad Naomh.

LEAVING THE CHURCH

Blessings on you, Mary,
Blessings on you, Christ.
Keep watch over our souls.
Let us come again.

Blessings on you, house of God,
and God's blessing all around us.
May the grace of God never leave us
until we come back to his church.

AG FÁGÁIL AN TSÉIPÉIL

Beannacht leat, a Mhuire,
Beannacht leat, a Chríost.
Go gcumhdaí sibh ár n-anam
Go dtige sinn arís.

Beannacht leat, a Theach Dé,
Agus beannacht Dé inár dtimpeall.
Nár scara uainne grásta Dé
Go bhfillfimid chun a theampaill

SIN AND FORGIVENESS

SORROW FOR SIN

King of the world, who gives us the sunlight at morning,
the plentiful rain and the fruits of the earth to follow,
to you I confess my sins, to you I look,
let me not fall any farther into evil.

King of Heaven, who created Adam,
and were offended by the sin of the apple,
I cry to you now with all my strength
for on your grace I have set my hope.

The day is gone and I have failed to build the hedge
and the crop is devoured on which you set your heart.
But now, High King of Justice,
give judgement in my favour
and moisten my eyes with the stream of your graces.

O God of the angels who made the torrent and the tide,
since my mind is open to you and you know my thoughts,
forgive then every one of the sins that enslave me,
and take in exchange every pain that Jesus suffered.

peaca agus aithreachas

Aithrí

A Rí na Cruinne bheir loinnir sa ghrian go moch,
Díle troma agus toradh 'na dhéidh go grod,
Scríobhaim chugat mo chulpa agus féachaim ort,
Agus ná lig titim níos faide dom féin san olc.

༝

A Rí atá ar neamh is a chruthaigh Adhamh
Is a chuireas cás i bpeaca an úill,
Ó screadaim ort anois is os ard
Ós le do ghrása táim ag súil.

D'éalaigh an lá is níor thóg mé an fál
Nó gur itheadh an barr inar chuir tú dúil.
Ach, a Ard-Rí an Chirt,
anois réigh mo chás,
Is le sruth na ngrásta fliuchaigh mo shúil.

༝

A Dhé na nAingeal do dhealbhaigh tuile is taoide,
Ós léir duit m'aigne is gurb agat atá fios mo smaointe,
Dá réir sin maith dom gach peaca de mo chionta daoirse,
In éiric glacsa gach peannaid dár fhulaing Iosa.

༝

O sin of lust, black hungering hound,
I hate you with all the power of my soul;
my heart detests you, poisonous serpent,
for the love of Jesus Christ who saved us.

Many the royal, star-crowned emperor
and prince of battle, valiant in arms,
and swift noble duke and hawk and Caesar,
that you forced into your dark army of slaves.

THE MERCY OF GOD

Did not the man of the eleventh hour
get a day's pay like the man of the third?
The slow dog is often lucky.
There is generosity and mercy in my King.

TO CHRIST CRUCIFIED FOR SINNERS

A poor sinner under a heavy burden,
sorry am I that my sins are so many;
but I confess always my faith in God
with heartfelt love and steadfast hope;
from the foot of the cross my cry goes up:
O Jesus, Lord, look down at me.

೦ಾ

O Lord, who bore pain and suffered the passion,
when you were scourged with iron from foot to head,
and afterwards bore insults and wounds in your hands,
O Lord, I am asking for your protection.

೦ಾ

A pheaca na drúise, a chú dhubh chraosach,
Gnáthfhuath eagnach m'anma go léir dhuit;
Gráin mo chroí choíche ort, a phéist nimh'
Le dianghrá Íosa Críost do shaor sinn.

Cia liacht impire ríoga réilteach
Is prionsa cogaidh chosnamh go héachtach,
Diúic mear meacanta, seabhac is Caesar,
D'fhuadaís ina slua cíordhubh daor leat.

TRÓCAIRE DÉ

Nach bhfuair fear a haondéag
Pá an lae mar fhear a trí?
Is minic a bhí cú mall sona.
Tá féile is trócaire i mo Rí.

DO CHRÍOST, CROCHTA AR SON NA BPEACAÍ

Is peacach bocht mé faoi ualach trom
Is méid mo pheacaí is aithreach liom;
Ach admhaím creideamh Dé de shíor
Le grá ó mo chroí is dóchas fíor.
Ó bhun na croiche glaoím suas:
A Íosa, a Thiarna, claon anuas.

Ó, a Thiarna, a fuair pianta is a d'fhulaing an pháis,
Do do stialladh le hiarann ó bhun go barr,
Ina dhiaidh sin fuair tarcaisne agus na créachta i do láimh,
Ó, a Thiarna, is ag iarraidh do choimirce táim.

Jesus, hear my prayer, do not close your ears,
but bathe my cheeks in the stream of your grace.
Look on me, a poor sinner in great need,
with no one to pity me save you alone.

Jesus, who once raised bodies from the dead,
and sanctified the thief in his hour of death,
O God, who was for ever and is now,
it is no difficulty for you to make me whole.

Jesus, who bore such pain upon the cross,
and suffered the nails in your feet and in your hands,
turn to me and I will turn to you,
and may I never turn from you again.

⚭

King of graces, it is bold of me to look up at you;
no night or day that I do not draw blood from your cheek;
you suffered your passion and death
to redeem us painfully,
but unless I am healed here and now,
my soul is gone from you.

PREPARATION FOR CONFESSION
May God give us help and time and grace,
his help is what I ask for every day,
and the Sacrament of Penance,
and that God give us strength.
My soul under your protection, Mary our Lady.

⚭

A Íosa, éist le mo ghuí, ná stop do chluas
Ach fliuch mo ghrua as sruth na ngrás.
Féach ar an bpeacach bocht i nguais
Is gan fear a thruaighe ach tusa amháin.

A Íosa a d'athbeoigh fadó coirp
Is a naomhaigh an gadaí ar uair a bháis,
A Dhé bhí riamh is atá anois ann,
Ní cruas leat mise a dhéanamh slán.

A Íosa a céasadh ar an gcrois,
Is d'fhulaing táirní cos is lámh,
Iompaigh liom, is iompód leat,
Is nár iompaíod uait arís go brách.

✥

A Rí na nGrásta, is dána dom amharc ort suas,
Is nach bhfuil oíche ná lá nach dtarraigim fuil as do ghrua;
D'fhulaing tú an pháis is an bás
dár gceannach go crua,
Ach muna leigheastar mé láithreach gan spás,
tá an t-anam seo uait.

ROIMH FAOISTIN

Cabhair is cairde is grásta ó Dhia chugainn,
Cabhair gach lá chugainn – is táim á iarraidh,
Le Sacraimint na hAithrí –
is go neartaí Dia linn.
M'anam ar do choimrí, a Mhuire a Bhantiarna.

✥

God remembers more than I remember;
I cannot tell the half of my sins.
For those I told and those I failed to tell,
I ask pardon from Jesus Christ
before the chair of the confessional.

THE PRIEST'S ADVICE

Beware of sin as long as you live;
from now on banish it from your life;
what has it given you to enjoy
but a troubled mind and an aching head?

Be truly devout in your love for God,
be ruled by him in your life henceforth,
your conduct without fault or stain;
then you shall find Jesus and reign with him.

Obey the law the saints obeyed,
obey to the end with tender care;
and the bright God's blessing will be surely yours
all the length of your life and in heaven for ever.

THANKSGIVING AFTER CONFESSION

A thousand thanks to you for ever,
God of splendour, light and grace,
for giving me this space of time in which to make my soul.
Send me the three splendid angels
when I lie on my death-bed,
they are Jesus, Mary and holy Joseph.

Cuimhne Dé os cionn mo chuimhne,
Leath mo pheacaí ní thig liom a insint,
Ar son ar inis mé is nár innis mé,
Tá mé ag iarraidh pardúin ar Íosa Críost
I láthair chathaoir na faoistine.

COMHAIRLE AN TSAGAIRT

Seachain an peaca arís i do shaol;
Bain as do bheatha feasta ciall;
Cad é fuair tú riam dá shult abhus
Ach buairt aigne is pian coguais?

Bí diaga ceart le grá do Dhia;
Bí rialta glan i do shaol níos sia;
Bíodh do bheatha gan locht gan bhéim,
Is gheobhair Íosa, is taobh leis réim.

Lean an riail do lean gach naomh;
Lean go críoch í go caoin glan séimh;
Is beannacht Dé ghil gheobhair go fíor
Ar feadh do shaoil is ar neamh go síor.

I NDIAIDH NA FAOISTINE

Míle buíochas leat go brách,
a Rí bhreá gheal na ngrásta,
Is tú a thug spás dom ar m'anam a dhéanamh.
Na trí aingle breátha go gcuire tú chugam
ar leaba mo bháis,
Mar atá Íosa, Muire, agus Iósaef Naofa.

∽

Let us all praise Christ, the only Son,
who bought us dearly on the cross of pain,
who will surely come again to set us free.
     Glory to God in the highest.

A thousand thanks to you, most gentle Son
who bore the pain, King of the holy law,
and rose again in freedom from the dead.
     Glory to God in the highest.

FOR AMENDMENT OF LIFE

O Blessed Virgin, Queen of Glory,
morning and evening I make my cry to you;
rescue me from the brambles and set me on the right path.
Give me repentance so that I may shed tears.

     ⚭

Lessen my guilt, my anger and my hatred,
and drive away from me all evil thoughts.
Let a drop fall from your blessed Holy Spirit
to free this heart that has turned to rock with hardness.

     ⚭

Strengthen me, O God, with the grace of the Holy Spirit.
Correct my faults and set your grace alight in my heart.
The sins that wound me
and keep me away from your side,
sweep them from the path of your child
for ever and always.

     ⚭

Molaimis go léir an tAon-Mhac Críost
Do cheannaigh go daor ar an gcrois chéasta sinn,
A thiocfaidh gan baol dár saoradh arís,
    Glóir do Dhia sna harda.

Míle buíochas leat, a Aon-Mhic mhín
Do céasadh, a Rí is naofa dlí,
Is do tháinig saor ón éag arís;
    Glóir do Dhia sna harda.

AR SON ATHRÚ SAOIL
A Mhaighdean Bheannaithe, is a Bhanríon na glóire,
Is leatsa ním mo chasaoid maidin is tráthnóna;
Scaoil mé as na sceacha agus fág mé ar an eolas.
Tabhair domsa an aithrí go sile mé na deora.

Ísligh mo dhíoltas, m'fhearg is m'fhuath,
Is díbir na smaointe mallaithe seo uaim.
Lig braon de do Naomh-Spiorad beannaithe anuas
A scaoilfidh an croí seo atá ina charraig le cruas.

Neartaigh mé, a Dhia, le grásta an Spioraid Naoimh,
Ceartaigh mo lochta is cuir grá ag lasadh i mo chroí.
Na peacaí a loit mé
is a choimeád mé i bhfad ó do thaobh,
As bealach do linbh díbir
go brách is a choích'.

Amen, Jesus, shelter and protect me,
although through me you were put to death.
It was I who pierced the palm of your hand
and your shapely delicate foot with the nail.

On the last day our evil deeds will be read out,
unless in this life we make satisfaction for them.
Repentance, strong and blessed and heavenly,
will make our souls white as the snow on the pastures.

Your law and commandments let us never more break,
but let us take part in the praying and psalming,
standing among the elect in the plain close by you,
happy under the clean blessed mantle of the High Son.

You people, our time down here is short,
therefore let us turn tenderly and devoutly
to Jesus the child, who redeemed us by his Passion,
and the light of heaven will be our reward.

꩜

King of mercy and blessed white Lamb,
look on the misery in our hearts.
Let not this poor soul wander away from you,
whom you bought so generously through your Passion.
We do not remember you,
think of you, meditate on you,
we do not reflect on the misery of this life.
O, King of mercy, take away our malice
that we may be in your likeness every hour of the day.

Amen, Íosa dom dhíon is dom ghardadh,
Cé gur liomsa cuireadh chun báis thú;
Is mé bhuail go trom trí chroí do dhearnan,
Is id chaomhchois chumtha chumhra an tairne.

Ar an Luan léifear ár gclaonchoirthe gránna
Mura ndéanam sa saol seo iontu sásamh,
Le haithrí éachtach shéanmhar neamhgha,
Ghealfas ár n-anam mar shneachta na mbánta.

Do dhlí is d'aitheanta feasta ná bearnam,
Ach bíom go saltrach salmach páirteach,
Inár saoithe ag seasamh sa mhachaire lámh leat,
Go binn faoi bhratach ghlan bheannaithe an Ard-Mhic.

A dhaoine, is gairid an sealad seo tá againn;
Dá bhrí sin casam go carthanach cráifeach
Ar Íosa an leanbh a cheannaigh sa pháis sinn,
Is beidh soilse pharthais againn dá bharr sin.

∞

A Rí na trua is a Uain ghil bheannaithe,
Féach an ainnise atá inár gcroí,
Is ná lig ar strae uait féin an t-anam bocht,
Is a fheabhas a cheannaigh tú é féin sa pháis.
Ní air a bhímid ag cuimhneamh,
ag smaoineamh ná ag marana,
Ná ar ainnise an tsaoil ag déanamh machnaimh.
Ó, a Rí na trua, tóg dínn an ghangaid seo
Go mbéam i do shamhailt gach am den lá.

IN TIME OF SICKNESS

Sweet Jesus, gentle Jesus,
fill my heart full with your love.
Jesus Christ, Son of the noble Virgin,
visit me in the time of my distress.

FOR GOOD HEALTH
Anne, the mother of Mary,
Mary, the Mother of God,
Elizabeth, the mother of John the Baptist,
save me from injury and from sickness
from the night of my baptism
until the night of my death.

FOR AN EXPECTANT MOTHER
As Anne gave birth to Mary,
as Mary gave birth to Christ,
as Elizabeth gave birth to John the Baptist
without damage to foot or hand,
help this woman, O Son,
help her, help her, O Mother,
since it was you gave birth to the Son,
give bone to the unborn child
and keep the woman in safety.

IN AIMSIR EASLÁINTE

A Íosa mhilis agus a Íosa cheansa,
Líon mo chroíse lán de d'ansacht.
Íosa Críost na hÓighe uaisle
Tabhair cuairt ormsa in aimsir mo chruatain.

AR SON SLÁINTE
Áine, máthair Mhuire,
Muire, máthair Dé,
Isibéal, máthair Eoin Baiste,
Do mo shábháil ar dhíobháil
Is ar fhiabhras ó oíche mo bhaiste
Go hoíche mo bháis.

DO BHEAN AG IOMPAIR CLAINNE
Mar a rug Anna Muire,
Mar a rug Muire Críost,
Mar a rug Eilís Eoin Baiste,
Gan díth coise nó láimhe,
Fóir ar an mbean, a Mhic,
Fóir, fóir, a Mháthair,
Ós tú a rug an Mac,
Tabhair don ghin cnámh
Agus go mba slán a bhéas an bhean.

ENTERING A HOUSE OF SICKNESS

Blessings on you, Holy Cross,
tree of fresh green growth.
Bless me in return, Holy Cross,
in my going and in my coming.

In my going into this house
which is a place of sickness,
may I bring Christ in with me
and not take him out again.

PRAYERS IN SICKNESS

The Father at my feet,
the Son at my knees,
the Holy Spirit in my heart,
and Mary watching over me.

Have mercy on me, Lord, and rescue me
from darkness and the shadow of death.
Call me into your glorious light,
enlighten my darkness,
O brightness of eternal light,
O day that knows no evening.

AG DUL I DTEACH GALAIR

Go mbeannaítear duit, a Chros,
A bhuinne ghéarghlas.
Beannaigh dúinn arís, a Chros,
Ar mo dhul is ar mo theacht.

Ar mo dhul i dteach isteach
A bhfuil an galar ann,
Críost go mbeiread ann
Agus nár bheiread as.

LE LINN TINNIS

An tAthair ag mo chosa,
A Mhac ag mo ghlúine,
An Spiorad Naomh i mo chroí
Agus Muire do mo chumhdach.

∽

Bí trócaireach liom, a Thiarna, agus beir saor mé
Ó dhorchadas agus ó scáil an bháis.
Glaoigh isteach i do sholas glórmhar mé,
Soilsigh mo dhorchadas,
A lonradh an tsolais shíoraí,
A lá nach feas dó tráthnóna.

Welcome to the Priest

It is a great honour for us and a reason for rejoicing
and a cause of joy for our salvation,
giving peace and happiness,
that this holy one,
filled with grace in the parchment of knowledge,
should come so readily to bring us his gentle ministry.

∞

Kindly thanks for the great deeds of the gentle Lord,
who redeemed the thousands suffering in cruel captivity,
who atoned for us and answered our urgent prayer;
through him, the priest
and messenger of Christ has come amongst us.

The Sacrament of the Sick

The messenger of God before me,
the angel of God above my head,
the oil of Christ upon my body,
God before me and God beside me.

The voices of angels above my head,
the oil of Christ upon my body,
God before me and God beside me.
To you, O Christ, my poor soul.

∞

FÁILTE ROIMH SHAGART

Is céim go brách linn agus is ábhar sóchais,
Is is réim ghairdis dár sláinte
go seascair sódhail,
Géag crábhaidh is ámharach
i bpratainn eolais
Ag teacht láimh linn chun gnáthaimh go cneasta ar cóngar.

∞

Buíochas cneasta le fearta an Choimí cháidh,
I bpéinbhroid daingean do cheannaigh na mílte i bpáis,
Thug aonta is d'fhreagair go hachomair guí ba ghá
Ler théarnaigh sagart
is teachtaire Chríost 'nár dháil.

OLA NA NEASLÁN

Teachtaire ó Dhia romham,
Aingil Dé os mo chionn.
Ola Chríost ar mo chorp,
Dia romham agus Dia liom.

Glór na n-aingeal os mo chionn,
Ola Chríost ar mo chorp;
Dia go raibh romham is liom,
Is duitse, a Chríost, m'anam bocht.

∞

Death with oil.
Death with joy.
Death with light.
Death with comfort.
Death with repentance.

Death without anguish.
Death without dread.
Death without death.
Death without fear.
Death without sorrow.

IN THE HOUR OF DEATH
Bright King of Friday and Father Almighty,
make a roof for me by night and guard me by day.
If you are to bring me along the path
      I have never seen before,
make it a pathway for me to the life of glory.

King of the angels and friend of the poor,
make a roof for my soul; Mother of the fair white
Lamb,
shelter me, teach me, be with me ever and always;
and be with me, Michael, at the hour of my death.

Bás ola.
Bás sona.
Bás solais.
Bás sóláis.
Bás aithreachais.

Bás gan crá.
Bás gan scáth.
Bás gan bhás.
Bás gan scanradh.
Bás gan dólás.

AR UAIR AN BHÁIS

A Rí ghil na hAoine is a Athair chumhachtaigh,
Déan díon dom san oíche is fair sa ló mé.
Má taoi tú do mo bhreith sa tslí
            nach bhfaca fós é,
Déan slí dhom choíche ar an mbeatha ghlórmhar.

∞

A Rí na n-aingeal is a chara na dtruabhochtán,
Déan díon dár n-anam; a Bhanaltra an Uain ghil bháin,
Bí do mo dhíon, bí do mo theagasc,
bí agam gach uair is tráth,
Is a Mhichíl, bí agam ar uair mo bháis.

COMMENDATION OF THE DYING

In Mary's keeping I placed you yesterday;
I place you today in the keeping of her Son.
May Peter open heaven to you willingly,
may Michael not call you to his left hand side,
may God and Mary come to claim you
and carry your soul to the City of Saints.

DON TÉ ATÁ AG SAOTHRÚ AN BHÁIS

Ar choimrí Mhuire sea chuireas inné thú
Cuirim inniu ar choimrí a hAon-Mhic;
Go n-osclaí Peadar na Flaithis go réidh duit,
Is nár ghlao Micheál ar a lámh chlé thú;
Dia agus Muire go tige do d'éileamh
Is go mbeire siad d'anam go Cathair na Naomh leo.

the christian life

THE TEN COMMANDMENTS
Believe, my child, in God alone.
Never take God's name in vain.
Keep the sabbath as is right.
Honour your father and your mother.
Do no killing, theft or lust,
give no false witness for any cause.
Do not covet a man or wife that is not yours
or anyone else's family or goods.

∞

A teaching without flaw is the one I give you:
have the Our Father and the Creed always on your lips;
give alms everyday with gentle compassion,
nor break God's commandments; be at peace.

THE VIRTUES
Let us be orderly, cheerful, polite, civil,
sensible, honourable, quiet and discreet,
generous, welcoming, friendly, open-handed,
Oh, and truly loving and full of humanity.

Let us be willing, worthy, respectful to the clergy,
and let us be outstanding for kindness and mercy,
ministering to the poor who are in prison,
Oh, the harvest is ripe and ready for us to reap it.

an saol críostaí

NA DEICH NAITHEANTA

Creid, a mhic, i nDia go glan.

Ná tabhair ainm Dé gan fáth.

Coiméad an tsaoire mar is cóir.

Tabhair do d'athair is do do mháthair onóir.

Ná déan marú, goid ná drúis,

Ná tabhair fianaise bhréige ar aon chúis.

Ná santaigh fear ná bean nach leat féin,

Ná clann duine eile ná a airnéis.

∽

Teagasc gan bhéim is é a chanaim daoibhse;

Paidir is Cré in bhur mbéal bíodh agaibhse 'shíor;

Scaipigí an déirc gach lae go carthanach caoin,

Is aitheanta Dé ná réabaigí; fanaigí go mín.

NA SUÁILCÍ

Bíom rialta súgach múinte béasach,

Ciallmhar clúmhail ciúin discréideach,

Flaithiúil fáilteach deáthach déirceach,

Ó 's go gaisciúil grámhar lán de dhaonnacht.

Bíom fonnmhar fiúntach 'cumhdach na cléire,

Is go galánta cineálta craobhach,

Ag friotháil na mbochtán so i ngéibhinn,

Ó, tá ar lasadh againn an fómhar is is cóir é dhéanamh.

Give us the purity of an angel and the chastity of a maiden,
the simplicity of a dove and the cunning of a serpent,
sweet humility and precious lowliness,
Oh, and the spirit of the apostles on fire in our souls.

Give us the patience of Job prepared for hardship,
the joy of achieving peace of mind,
prudence, tranquillity and mildness,
Oh, these are the fruits of our flowers in the gap of danger.

ADVICE FOR YOUNG MEN
Take to heart my timely advice,
you mannerly young men,
and do not wander wretchedly away
but turn with gentle trusting
to the child of grace, our Saviour in the passion,
who bought us at so great a price,
by bathing us deep in the sweat of his wounds
and the sweet blessed blood of his body.

THE SEVEN SACRAMENTS
Seven Sacraments for you:
Baptism, going under the Bishop's hand,
the Body of Christ and the clean Confession,
the Oil before death, Orders and Marriage.

They it is that repair the locks
confronting you on the gates of heaven,
if they should chance to be out of order
through your breaking of the High King's commandment.

Bíodh ainglíocht is geanmnaíocht na maighdean,
Simplíocht choilm is gliocas na péiste,
Umhlaíocht gheal uirísleacht phéarlach,
Ó, agus sprid na n-aspal ar lasadh inár dtréithe.

Bíodh foighne Iób 'na ghleo go gléasta
Is síocháin aoibhinn na hintinne in éifeacht,
Stuamacht suaimhneas is séimhe
Ó, mar thoradh ar ár mbláth i mbearna baoil.

COMHAIRLE D'FHIR ÓGA
Mo theagasc i dtráth glacaigí le grá
A ghasra bhán bhéasach,
Is ná fanaigí ar fán fada faoi ghráin
Ach casaigí go sámh séadach
Ar leanbh na ngrás, mo pheannaid sa pháis,
A cheannaigh go lán daor sinn
Ó bhaitheas go trácht in allas a chneá
Is fuil bheannaithe bhreá a naomhchoirp.

NA SACRAIMINTÍ
Na seacht sacraiminte duit:
Baisteadh, dul fá lámh easpaig,
Corp Chríost is Faoistin ghlan,
Ola ré mbás, Ord is Pósadh.

Is leo sin ghléastar na glais
Atá romhaibh ar dhún pharthais,
In aimhréidh dá ndeachaid so
Tré chaill aithne an ardfhlatha.

THE PATH TO HEAVEN

Don't fall in love with this life;
it passes like the blossoms on the branches;
Follow the path of those who journey
from hell to the land of the saints.

∞

At the marriage in Cana,
the King of graces was there in person,
he and his Mother Mary,
and wasn't it a wonderful wedding!
There were more guests than tables
and the wine for them was wanting,
and the water in the water-jars,
wasn't it lovely to taste!

∞

Wonderful is the treasure
the King of glory is keeping for us,
his body and his blood as a food for sinners.
Never put your trust in yellow gold or riches,
for they are phantoms like mist
beside the glory of Heaven.

∞

SLÍ NA FÍRINNE

Don saol ná tabhair grá;
Ní dímhaoine bláth na gcraobh;
Lean lorg a bhfuil ag triall
Ó ifreann go hiath na naomh.

∞

Ag an bpósadh bhí i gCána
bhí Rí na ngrás ann i bpearsain,
É féin is Muire Máthair,
is nárbh álainn í an bhainis?
Bhí cuideachta os cionn cláir ann,
agus fíon orthu in easnamh,
Is an t-uisce bhí sna hárthaí,
nárbh álainn é a bhlaiseadh?

∞

Is róbhreá an stór
tá ag Rí na Glóire dúinn i dtaisce,
A chuid fola agus feola mar lón do na peacaigh.
Ná cuirigí bhur ndóchas in ór bhuí ná i rachmas
Mar is bréagán mar cheo é,
seachas glóire na bhFlaitheas.

∞

Till the soil, sow the seed,
harrow it and fence it round;
don't worry if the ground is hard;
it's the man above that gives the growth.

∽

The truth overcomes the tellers of lies;
the truth makes the demons lament in pain;
the truth wins the kingdom of the Son of God;
and the truth gives joy to the angels and saints.

∽

Never grow tired of praising God,
his grace is slow in coming to us;
the King of Heaven must be coaxed like a child,
so, my friend, you mustn't be dumb and blind.

∽

Whoever gives alms to the poor,
gives a loan to God for his goodness,
and lays up a rich store for himself
in the treasury of the King of Heaven.

∽

In prayers, in the Mass, in fasting and abstinence,
in almsgiving, in charity, in the greatest works of kindness,
in none of them is there any profit,
unless you renounce sin
and stand in Christ's grace when you do your good deed.

Treabh an talamh, cuir an síol,
Dein-se fuirse mín is fál.
Ná féach d'fhearann dá chruadhacht,
Thuas atá an fear do-ní an fás.

∞

Le fírinne a chlaoitear aicme na mbréag;
Le fírinne a chaoinid na deamhain i bpéin;
Le fírinne a thuilltear flaitheas Mhic Dé;
Is le fírinne bíogaid aingil is naoimh.

∞

Do mholadh Dé ná bí tuirseach,
Bíonn a ghrásta ag triall go mall;
Mealltar Rí Neimhe mar leanbhán,
Is a dhuine, ná bí i do bhalbhán dall.

∞

An té a thugann déirc don bhocht
Tugann iasacht do Dhia le haghaidh a mhaithis,
Is leagann sé stór dó féin
I gciste Rí na bhFlaitheas.

∞

In urnaithe, in Aifreann, i dtroscadh ná i dtréanas,
I ndéirc, i gcarthanacht, ná in an-chuid daonnacht',
Níl iontu aon tairbhe,
an peaca muna dtréigfir,
Is bheith i ngrá le Críost am an ghnímh a dhéanamh.

the TRINITY

In the name of the Father who won victory,
in the name of the Son who suffered the passion,
O Holy Spirit, bring us strength,
O glorious Virgin, come to us.

⌚

The Father, the Son and the Holy Spirit,
may the Three-in-One be with us day and night.
In the depths of the sea or on the sides of the mountains,
may our Mother be with us
and her arm around our heads.

⌚

I bend my knee
in the sight of the Father who created me,
in the sight of the Son who redeemed me,
in the sight of the Spirit who purified me
in love and in mystery.

⌚

In the name of the Father,
in the name of the Son,
in the name of the Spirit,
Three in One.

AN TRINÓID

In ainm an Athar a fuair bua,
Agus an Mhic a d'fhulaing an pháis,
A Spiorad Naoimh, bí dár neartú,
Is a Mhaighdean ghlórmhar, bí inár dtriall.

Athair, Mac is Spiorad Naomh,
Bíodh an Triúr-in-Aon linn lá is oíche.
Ar chúl na dtonn nó ar thaobh na mbeann,
Bíodh ár Máthair linn
's a lámh um ár gceann.

Tá mé ag lúbadh mo ghlúin
I súil an Athar a chruthaigh mé,
I súil an Mhic a cheannaigh mé,
I súil an Spioraid a ghlanaigh mé
Le grá agus rún.

In ainm Athar,
In ainm Mic,
In ainm Spioraid,
Trí san Aon.

May the Father protect me,
may the Son protect me,
may the Spirit protect me,
all-merciful King.

May the Father sanctify me,
may the Son sanctify me,
may the Spirit sanctify me,
all-holy Three.

May the Three help my wishing,
may the Three help my willing,
may the Three help my walking
and my knees without weakening.

∞

May the blessing of the Father,
the Son and the Holy Spirit
come down upon us forever.
May they be established in our midst,
now and ever and always.

∞

Glory and honour to the Father,
to the Son and to the Holy Spirit.

Caomhnaíodh Athair mé,
Caomhnaíodh Mac mé,
Caomhnaíodh Spiorad mé,
Rí uilechaomh.

Naomhaíodh Dia mé,
Naomhaíodh Críost mé,
Naomhaíodh Spiorad mé,
Trí uilenaomh.

Cúnadh Trí mo dhúil,
Cúnadh Trí mo rún,
Cúnadh Trí mo shiúl
Agus mo ghlúin gan chlaon.

∽

Go dtuirlinge beannacht an Athar,
an Mhic agus an Spioraid Naoimh
anuas orainn i gcónaí.
Go sealbhaí siad inár measc anois,
de shíor agus de ghnáth.

∽

Glóir is onóir don Athair,
don Mhac agus don Spiorad Naomh.

TO THE ETERNAL FATHER

Have mercy on us, O God,
Father almighty,
God most high,
God of hosts,
Lord of the world,
God invisible,
God incorruptible,
God immortal,
God all-merciful,
God all-perfect,
have mercy on us.

God of the earth,
God of the fire,
God of the fresh waters,
God of the great winds,
God of the shining stars,
God who made the world,
God of the many tongues,
God of the nations,
God of golden goodness,
Heavenly Father,
have mercy on us.

∞

O God, guide me with your wisdom,
O God, rule me with your justice,
O God, help me with your mercy,
O God, guard me with your power.

DON ATHAIR SÍORAÍ

Déan trócaire orainn, a Dhia,
A Athair uilechumhachtaigh,
A Dhia na slua,
A Dhia uasal,
A Dhia an domhain,
A Dhia dhofheicthe,
A Dhia dhothruaillithe,
A Dhia dhomharfa,
A Dhia thrócaireach,
A Dhia fhoirfe,
Déan trócaire orainn.

A Dhia na talún,
A Dhia na tine,
A Dhia na n-uiscí cumhra,
A Dhia na gaoithe móire,
A Dhia na réaltaí geala,
A Dhia a dhealbhaigh an chruinne,
A Dhia na dteangacha iomadúla,
A Dhia na dtreabh,
A Dhia, a mhaith órga,
A Athair neamhaí,
Déan trócaire orainn.

෴

A Dhia, stiúir mé le do ghliceas,
A Dhia, smacht mé le do cheartas,
A Dhia, fóir mé le do thrócaire,
A Dhia, caomhain mé le do chumhacht.

O God, fill me with our fullness,
O God, shield me with your shadow,
O God, enlarge me with your grace,
O God, in the shelter of your anointed Son.

O Jesus Christ, Son of David,
the man frequenting the Temple,
the Lamb sacrificed in the garden,
you suffered death for my sake.

∞

Praise and thanksgiving to you, O Holy Father,
who made the skies and the heavens in the beginning,
and after that made the wide watery ocean,
and the throngs of fishes swimming in it for ever.

∞

A hundred high praises where praise is due
to the eternal Lord of power and justice,
worship and homage to him without end,
reverence and honour and glory for ever.

∞

O King, who are kindly and without gloom
in the City of Graces,
carry us up with you
high above the sound of the waters,
giving praise for ever more
to the Lamb who was put to death.

A Dhia, líon mé le do lántacht,
A Dhia, díon mé le do scáileacht,
A Dhia, méadaigh mé le do ghrásta,
A Dhia, ar scáth do Mhic ungtha.

A Íosa Críost, a shíol Dháiví,
Fear taithí an teampaill,
Uan íobartha an gharraí,
A bhásaigh ar mo shon.

☙

Moladh is buíochas leat, a Athair Naofa,
A cheap na spéartha agus neamh ar dtús,
Is a cheap ina dhiaidh sin an mhuir mhór bhraonach,
Is na carnáin éisc inti ag snámh go dlúth.

☙

Céad moladh mór is mórú cuí
Don Tiarna cumhachtach cóir síoraí,
Adhradh is ómós dó gan chríoch,
Urraim is onóir is glóir go síor.

☙

A Rí atá go suairc gan ghruaim
I gCathair na nGrást',
Go mbeirir leat suas sinn
Ó fhuaim na tuile go hard,
Ag tabhairt moladh go buan
Don Uan a cuireadh chun báis.

THE HOLY SPIRIT

The Holy Spirit falling like dew
falling upon me from the heavens,
to help me and to prosper me,
to give my prayer binding force
at the throne of the King of Creation.

┳

May I be in a fitting state of grace,
as you dearly wish that I should be,
Lord God of Creation,
in the bond of God,
in the love of God,
in the sight of God,
in the mind of God,
in the care of God.

As your own angels,
as your own saints,
as your own people,
have chosen in heaven,
so do I choose on earth.

┳

AN SPIORAD NAOMH

An Spiorad Naomh a bhraonadh
Orm anuas as na Flaithis,
Do mo chúnadh is do mo mhaitheas,
Chun m'urnaí a chur i gceangal
Ag cathaoir Rí na nDúl.

∽

Go rabhad i staid iomchuí grás
Mar is áil leat mé a dhéanamh,
A Thiarna Dia na nDúl,
I ngaol Dé,
I ngrá Dé,
I súil Dé,
I rún Dé,
I gcúram Dé.

Mar tá d'aingle féin,
Mar tá do naoimh féin,
Mar tá do mhuintir féin,
Ag toghadh ar neamh,
Toghaim féin ar talamh.

∽

Holy Spirit, be in us,
be around us and be with us;
may the Holy Spirit come to us,
O Christ, with all suddenness.

The Holy Spirit dwelling
in our bodies and our souls,
here present to protect us
from danger and disease.

From sin and from Satan,
from the many evils of hell,
O Jesus, may your Spirit
sanctify and save us.

An Spiorad Naomh ionainn,
Umainn agus againn;
An Spiorad Naomh chugainn,
Tagadh, a Chríost, go tobann.

An Spiorad Naomh ag áitreabh
Ár gcoirp is ár n-anma,
Ár gcosaint anois láithreach
Ar ghábha is ar ghalra.

Ar pheaca, ar dheamhna,
Ar ifreann gona ilolc,
A Íosa, go naomha
Is go saora do Spiorad sinn.

Our Lord Jesus Christ

St Patrick's Breastplate

Christ with me,
Christ before me,
Christ behind me,
Christ within me,
Christ below me,
Christ above me,
Christ on my right hand,
Christ on my left hand,
Christ in my sleeping,
Christ in my waking,
Christ in the heart of all who think of me,
Christ in the mouth of all who speak to me,
Christ in every eye that looks at me,
Christ in every ear that listens to me.

The Name of Jesus

May the sweet name of Jesus
be written graciously
on the high point of my heart
through the greatness of his passion,
through the agony of his prayer,
through the immensity of his bloodshed,
through the sweetness of his sweetness,
through the hard death on the cross
for the sake of us sinners.

ÁR DTIARNA ÍOSA CRÍOST

LÚIREACH PHÁDRAIG

Críost liom,
Críost romham,
Críost i mo dhiaidh,
Críost istigh ionam,
Críost fúm,
Críost os mo chionn,
Críost ar mo lámh dheas,
Críost ar mo lámh chlé.
Críost i mo luí dom,
Críost i mo sheasamh dom.
Críost i gcroí gach duine atá ag cuimhneamh orm,
Críost i mbéal gach duine a labhraíonn liom,
Críost i ngach súil a fhéachann orm,
Críost i ngach cluas a éisteann liom.

AINM ÍOSA

Go raibh ainm milis Íosa
Go taitneamhach scríofa
Ar bharr mo chroíse
Trí mhéid na páise,
Trí dhéine a ghuí,
Trí iomad a chuid fola,
Trí mhilseacht na milseachta,
Trí bhás géar na croise
Ar ár son-na peacaigh.

May the sweet name of Jesus
be written graciously
in the centre of my heart.

Mary, Mother of Jesus,
let Jesus possess me,
let me possess Jesus.

Tie a bond of love
between us for ever
without loosening.

Amen, Jesus,
for ever and always.

Go raibh ainm milis Íosa
Go taitneamhach scríofa
Ar lár mo chroíse.

∽

A Mhuire, a mháthair Íosa,
Go raibh Íosa agamsa
Agus mise ag Íosa.

∽

Ceangal grá a bheith
Eadrainn go brách
Gan scaoileadh.

∽

Amen, a Íosa,
Go brách is choíche.

THE HEART OF JESUS

The light of my heart is your heart, O my Saviour,
the wealth of my heart is to find your heart ready for me.
Since your heart is so full of love for me, my beloved,
leave your heart in keeping for me in the hood of my heart.

What you suffered for us, O bright high King of power,
is more than my thoughts can grasp or rightly measure;
through the poison that tortured your heart
and your wound, my beloved,
the just in their thousands have hastened in peace
to their crowns.

O Father, O Jesus, by dying you gave me life,
and fashioned my form in your likeness
without trademan's toil;
how cruelly I have acted, O Christ, by not loving you
and by loving instead all the things you hate the most.

I am weary with sorrow, recognising the wrongs
I have done,
as I travel the land through the regions of Fáilbhe
and Eoghan,
confessing my deeds and lamenting with cries of sorrow,
wearied with all my wailing and shedding of tears.

When I come back again through your prayer,
O Flower of the Orders,
protected by Christ and under the roof of his grace,
the hills, rough with heather and rocks,
that once caused me torment,
will turn into plains smooth as silk and pastures of satin.

Croí Íosa

Gile mo chroí do chroíse, a Shlánaitheoir,
Is ciste mo chroí do chroíse a fháil i mo chomhair.
Ós folas gur líon do chroí de mo ghrá-sa, a stór,
I gcochall mo chroí do chroíse fág i gcomhad.

Ar fhuilngis trínne, a Rí ghil ard na gcomhacht,
Ní thigeann i mo smaointe a shuíomh ná a thrácht i gcóir,
Is gur le goradhghoin nimhe do chroí
is do chneá-sa, a stór,
Do bhrostaigh na mílte saoi
go sámh i gcoróin.

A Athair is a Íosa, a dhíon le do bhás mé beo,
Is do dhealbh mo ghnaoi
gan críochna ceard i do chló,
Nach danartha an gníomh, a Chríost nár ghrás-sa fós,
Ach gach uile ní ina mbíodh do ghráin don sórt?

Le hatuirse chnaíte
ag suíomh a ndearna gheobhad,
Ag taisteal gach tíre i gcríocha Fháilbhe
is Eoghain,
Ag aithris mo ghníomhartha is ag caoi le gártha bróin,
Is ag screadadh go scíosmhar tríd, is ag tál na ndeor.

Ar uair a chasfadsa arís le do ghuíse, a bhláth na n-ord,
Faoi thearmann Chríost,
is díon a ghrásta do mo chomhad,
Beidh garbhchnoic fhraoigh na líog
a chrádh mé romham
Ina machairí míne síoda is ina mbánta sróil.

THE INCARNATION

Holy Jesus,
for the sake of your love, your gentleness, your charity,
your mercy,
listen to the prayer of this poor suppliant
for the Christian church and for myself.
For the sake of the merciful Father
from whom you came on earth,
for the sake of your divinity which the Father decreed
should take a human body,
for the sake of the spotless body which you assumed
in the womb of the Virgin,
for the sake of the seven-gifted Spirit
who brought about the unity of the human body
and the divinity in your person.
For the sake of the holy womb
where you assumed that humanity
without lessening of virginity,
for the sake of the family and the forebears
for whom you took flesh,
from the flesh of Adam to the flesh of Mary,
for the sake of the seven prophecies
that were made about you:
your conception and your birth, your baptism,
your crucifixion, your burial,
your resurrection, your ascension,
your sitting at the right hand of your Father in Heaven,
and your coming on the Day of Judgement,
have mercy on us sinners
and grant us your salvation.

Teacht Íosa

A Íosa Naofa,
As ucht do ghrá, do chneastachta, do dhéirce,
do thrócaire,
éist le guí an bhochtáin dhéaróil
 ar son na heaglaise Críostaí, agus ar mo shon féin.
As ucht an Athar thrócairigh
ónar tháinig tú ar talamh,
As ucht na diachta dár bheartaigh an tAthair
go nglacfadh sí colainn daonna,
As ucht na colainne naomhghlaine a ghlac tú
i mbroinn na hóighe,
As ucht an Spioraid sheachtdhealbhaigh
a réitigh aontú na colainne
agus na diachta trí do phearsa,
As ucht na broinne naofa
asar ghlac tú an cholainn sin
gan díth óghachta,
As ucht na craoibhe agus an ghinealaigh
óna bhfuair tú an fheoil,
ó fheoil Ádhaimh go feoil Mhuire,
As ucht na seacht dtairngreacht
a rinneadh fút:
do ghiniúint agus do bhreith, do bhaisteadh,
do chéasadh, d'adhlacadh,
d'aiséirí, do dheascabháil,
do shuí ar dheasláimh an Athar ar neamh,
agus do theacht Lá na Breithe,
déan trócaire orainne peacaigh
agus tabhair dúinn do shlánú.

THE BIRTH OF JESUS

A hundred thousand welcomes to you,
Child conceived in March,
a hundred thousand welcomes,
Child who was born in the stable.
A hundred thousand praises to you,
Only Son of Mary,
and may God give you health.
With happy hearts we sing our welcome
to the Son of Mary, born in the stable,
for had the Child not made that day's journey,
we were all held in the hand of Satan.

Source of the commandments, fair gate of paradise,
with the whole world available for your dwelling,
what reason had you to choose the stable,
unless from hate of the pride of the self-satisfied?

Son of the Nurse, it is good that you came,
for you came to buy us and pay the price;
forgive our sins, however great their number,
and bring our souls to heaven, your home.

∞

Wecome to you, between ass and ox without sustenance,
and welcome to you, Child and Prince without sadness,
and welcome to you from heaven to this house of sorrow,
and welcome to you who are Father and Son and God.

BREITH ÍOSA

Céad fáilte romhat,
a linbh a gineadh sa Mhárta,
Céad fáilte romhat,
a linbh a rugadh sa stábla,
A Aon-Mhic Mháire,
céad míle moladh leat,
Is dia bheatha do shláinte.
Le croí soilbhir seinnimid fáilte
Le Mac Muire a rugadh sa stábla,
Is mura mbeadh turas an linbh an lá sin,
Bhíomarna uile ina dhorn ag Sátan.

A thobair na haithne, a mhaise phoirt Pharthais,
Is an chruinne uile fá do chumas mar áitreabh,
Cén fáth fár thógais rogha an stábla
Ach gráin ar uaill na n-uaibhreach sásta?

A Mhic na Banaltran is fearr a tháinig,
Ós dár gceannach mar mhargadh tháingis,
Maith ár gcionta, cé fada le háireamh,
Is beir ár n-anama go Flaitheas do d'áras.

∽

Dia do bheatha idir asal is damh gan riar,
Is dia do bheatha i do Leanbh, i d'Fhlaith gan chiach,
Is dia do bheathasa ó d'Fhlaithis go teach na bpian,
Is dia do bheathasa i d'Athair, i do Mhac, i do Dhia.

THE CHILD JESUS

Íosagán
is being reared along with me in my hermitage.
I want no cleric with a store of jewels,
everything is vain but Íosagán.
The child being fostered in my house
is not the child of a grudging parent;
Jesus with all the hosts of heaven
keeps my heart company every night.
Though families of princes or of kings
should come to me time and time again,
from none of them would I look for help;
my greatest love is for Íosagán.
Sing your music, all you choirs,
to the one who is worthy of your tributes;
he is sitting on his throne above,
and yet he is in my heart – Íosagán.

THE PASSION AND DEATH OF JESUS

Praise to you, young Son,
who endured from the Jews
the blindfold on your eye;
clothe my soul in the robes of heaven.

∽

Bright God of bounty and Father of graces,
through your holy will tortured and put to death,
the Only Son who freed us from sin through the passion,
save the poor Irish and heal them without delay.

An Leanbh Íosa

Íosagán
Oiltear liom i mo dhíseartán.
Fiú cléireach le hiomad séad,
Is bréag gach ní ach Íosagán.
An leanbh tá á altram i mo thigh,
Ní leanbh duine doicheallaigh,
Íosa mar aon le sluaite neimhe
Le mo chroíse bíonn gach oíche.
Clann na bprionsa is clann na rí,
Fiú má thagann chugam gach tráth,
Ní uathu atá súil agam le sochar;
Is mó mo chion ar Íosagán.
Canaigí ceol, a chóracha,
Don té dár dual bhur gcíosagán;
Tá ina chathaoir thuasagán
Ach fós i m'ucht – Íosagán.

Páis agus Bás Íosa

Moladh leat, a Úrmhic,
D'fhoighneadh ó na Giúdaigh
Púicíní a chur ar do shúile,
Clúdaigh m'anam le róbaí na bhFlaitheas.

∞

A Dhé ghléighil na féile is a Athair na nGrás,
Le do naomhthoil a céasadh is a cuireadh chun báis,
A Aon-Mhic a shaor sinn ón bpeaca sa pháis,
Réitigh na Gaeil bhochta agus leasaigh gan spás.

I come back to you again and, bright King,
do not condemn us;
give me a drink from the well of your humanity
or a drop of the water that flowed from your right side,
which will be enough to clean us and wash us and free us,
and may our souls rise up to heaven in your sight.

∞

Strong Son, who were tortured because of our misdeeds,
and shed blood until your body died on the cross,
as you consented, O God, receive my poor self,
in spite of all the wrong that you let me commit.

∞

O King of the wounds, who died high on the tree,
with the heart in your breast pierced
by the hand of the blind,
with the blood of your wounds congealing
and wasted in pools,
carry us in the shelter of your shield to paradise.

∞

A drop of moisture from the Holy Cross
may God allow into my heart,
that it may take this mist away from me
and this smouldering fire.

Tá mé ag filleadh arís ort,
is a Rí gheal ná daor sinn;
Tabhair dom deoch as tobar na daonnacht',
Nó braon den uisce úd do shil as do thaobh deas,
A dhéanfaidh sinn a ghlanadh, a ghealadh is a shaoradh,
Is go rachaidh ár n-anam go Flaithis i d'fhéachaint.

∽

A Thréin-Mhic a céasadh tar ceann ár n-olc,
Is a thréig d'fhuil gur éag ar an gcrann do chorp,
Mar d'aomhais, a Dhé, sin gabh liomsa, an bocht,
Tar mhéid ar léigis-se liom de lot.

∽

A Rí na gCréacht fuair bás i mbarr an chrainn,
Is croí do chléibhe á réabadh
ag láimh an daill,
Is fuil do ghéag ag téachtadh
ar lár 'na linn,
Ar scáth do scéithe, beir féin go parthas sinn.

∽

Braon ón gCrois Naofa sin
Go lige Dia i mo chroí isteach;
Go dtóga sé an ceo seo
Is an smól seo díomsa.

Blessing on you, O Cross,
shining new-grown branch;
blessings on you, O Tree,
on which Christ suffered.
Blessings on you, O King,
who was stretched upon the cross.
This prayer I make to you,
that every stain of sin on my soul
may be laid upon my body,
since it is my body that sinned the most.

KING OF KINGS

Jesus, Son of Mary, bright King of Kings,
emperor of mankind and their beloved,
sweet, honoured Christ,
through whose radiance were created
the kingdom of heaven and the things of earth
in their time.

Banish our blindness, our folly and our madness
from our hearts for ever, Star of all Graces,
remember your sufferings, holy child of the Cross,
remember it was through them you freed us from death.

I dread the wearying storm and the game of evil,
that have thrown into slavery the children of Adam.
By breaking your laws, Holy Spirit, I have deserved
the dread fires of hungering sin to be my torment.

Go mbeannaíthear duit, a Chros,
A bhuinneáin ghléighil úir,
Go mbeannaíthear duit, a Chrainn,
Ar ar céasadh Críost.
Go mbeannaíthear duit, a Rí,
A síneadh ar an gcrois.
Impí cuirim chugat,
Gach smál peaca dá bhfuil ar m'anam,
A leagan ar an gcolainn,
Ós í is mó rinne an choir.

RÍ NA RÍTHE

A Íosa, a Mhic Mhuire, a Rí ghil na Ríthe,
A impire an chine dhaonna is a ngrá,
A Chríost mhilis oinigh,
a shoilse ler cumadh
Ríocht neimhe is nithe an tsaoil
i dtráth.

Díbir ár ndaille, ár mbaois is ár mbuile,
Choíche as ár gcroíthe, a réiltean na ngrás,
Is i d'íospairtse, a Linbh naofa na croise,
Cuimhnigh go dtugais saor sinn ón mbás.

Mo sceimhle-se an stoirm scíosmhar is an cluiche
Claonmhar seo chuir i ndaorbhroid sliocht Ádhaimh.
I do dhlíse a bhriseadh, a Naomh-Spioraid, do thuilleas
Tinte oilc an choire chraosaigh do mo chrá.

Holy Jesus,
gentle friend,
star of the morning,
glorious sun of the noonday,
bright light of believers and of truth,
well of everlasting life,
beloved of the patriarchs,
beloved of the prophets,
master of the apostles and disciples,
giver of the law,
judge of the last day,
Son of the merciful Father and of no mother in heaven,
Son of the Ever-Virgin Mary and of no father on earth,
grant us your love.

∞

O Jesus, O Jesus, keep the sheep
in the soft valleys and sweet meadows.
It is not sickness to death but sickness to health
to be sick with love for you, most amiable King.

Jesus, Son of Mary, look upon my plight
and carry me with you to the City of Graces.
Rid me of every useless thought and deed
and direct me after that to the Kingdom of Graces.
O Jesus, save me through your passion.

A Íosa Naofa,
A chara chaomh,
A réalt na maidine
A ghrian álainn an lánlae,
A bhreo ghil na bhfíréan agus na fírinne,
A thobar bithnua,
A chroíshearc na n-uasalaithreacha,
A thnúthán na bhfáithe,
A mháistir aspal agus deisceabal,
A bhronntóir an dlí,
A bhreithimh brátha,
A Mhic an Athair thrócairigh gan máthair ar neamh,
A Mhic na fíoróighe, Muire, gan athair ar talamh,
Tabhair dúinn do ghrá.

෴

A Íosa, a Íosa, coimeád na caoirigh
Ar na gleannta míne agus ar na móinéir chaoine.
Ní tinneas chun báis ach tinneas chun sláinte
A bheith tinn le grá duit, a Rí na páirte.

A Íosa, a Mhic Mhuire, féach ar mo chás,
Is beir mé leat féinig go Cathair na nGrást.
Díbir gach smaoineamh is obair gan aird
Is dírigh mé ina dhiaidh sin go Flaitheas na nGrást.
A Íosa, Ó saor mé le toradh do pháis'.

My love is my God, my guardian, my healer,
my shining love is my merciful God.
My sweet love is Christ, I love with all my heart.
My love entirely are you, King of Glory.

My love is your eyes, my love is your walk,
my love is your renown and your might,
my deep love for you, though I have fallen headlong
and failed sadly to merit your mercy.

My whole love is your words and commands
and your Mother, the bright star of knowledge,
the Queen of angels, the Queen of apostles,
the Queen of the golden heavens,
the Queen of joy, the Queen of consolation,
the Queen of the crosses and the crowns,
the Queen of graces in the dread hour of death,
my roof-tree and my love is the spotless Virgin.

∽

We offer Jesus to worship and praise God,
We offer Jesus as a thanksgiving to God.
We offer Jesus as an atonement for our sins.
We offer Jesus to ask for all our needs.
We offer Jesus to show that we love God.

Mo ghrása mo Dhia, mo gharda, mo lia,
Mo ghrá geal, mo Thiarna tróc'reach.
Mo ghrá milis Críost, is gráim uile a chroí,
Mo ghrá ar fad thú, a Rí na Glóire.

Mo ghrása do shúil, mo ghrása do shiúl,
Mo ghrása do chlú is do chumhachta.
Mo ghrá thú le fonn, cé táim bunoscionn
Is nach ndearna, mo chumha, do thrócaire.

Mo ghrása go léir do ráite is do réir,
Is do mháthair mar réaltan eolais.
Banríon na n-aingeal, Banríon na n-aspal,
Banríon na bhFlaitheas órga,
Banríon an tsonais, Banríon an tsolais,
Banríon na gcros, na gcoróineach,
Banríon na ngrás in am sceimhle an bháis,
Mo chrann dín is mo ghrása an Ógh ghlan.

☙

Ofrálaimid Íosa chun Dé a adhradh agus a mholadh.
Ofrálaimid Íosa mar bhuíochas le Dia.
Ofrálaimid Íosa mar chúiteamh inár bpeacaí.
Ofrálaimid Íosa chun ár riachtanais a iarraidh.
Ofrálaimid Íosa le taispeáint go ngráimid Dia.

the blesseð VIRgIN anð the saINts

JESUS AND MARY
O Blessed Queen and Nurse of the Glorious King,
this world bewilders me,
let me not fall into despair;
and you, O Christ, carry my soul to the City of Glory.

O Jesus, Son of Mary, O Queen of Glory,
I am ready
when you come looking for me.
My heart will weep sorrow and shed tears;
bring me to heaven
to the King of Glory.

JESUS, MARY AND JOSEPH
King on High,
gracious Mother,
loving Joseph
may you come to my side
in the day of my distress.

To your heart I pray, O King of Glory,
I pray to your heart, O Mary Immaculate,
and to your sinless heart, O Joseph.
These are the three hearts in which I hope.

an mhaighdean muire agus na naoimh

ÍOSA AGUS MUIRE

A Bhanríon bheannaithe is a bhanaltra an Rí ghlórmhair,
Tá an saol seo do mo dhalladh
agus ná lig mé chun mídhóchais,
Agus, a Chríost, beir m'anam go Cathair na Glóire.

✷

A Íosa, a Mhic Mhuire, agus a Bhanríon na Glóire,
Tá mé faoi bhur gcoinne
nuair a thiocfaidh sibh do mo thóraíocht.
Doirtfidh mo chroí an aithrí is silfidh mé na deora,
Agus tabhair chun na bhFlaitheas mé
chuig Rí geal na Glóire.

ÍOSA, MUIRE AGUS IÓSAEF

A Rí atá in airde,
Agus a Mháthair álainn,
Agus a Iósaef ghrámhair,
Go dtaga sibh láimh liom
Lá ár ngátair.

✷

Do chroíse guím, a Rí na Glóire,
Guím do chroíse, a Mhuire róghlan,
Is do chroíse fíorghlan leis, a Iósaef;
Sin iad na trí chroí ina bhfuil iontu mo dhóchas.

Jesus, Mary and Joseph,
I give you my heart and my soul.
Jesus, Mary and Joseph,
assist me in the hour of my death.
Jesus, Mary and Joseph,
may I have a peaceful death
in your holy company.

MOTHER OF GOD

Virgin most tender, who bore a Son to God,
Lady more beautiful and bright to see than the sun,
Queen above every order that follows your rule,
Mother of prayers, I ask protection for my soul.

❦

Mother of Jesus, never reject me,
be in my thoughts by day and by night.
When you send me notice to come to you,
may my heart be as bright as the foam on the tide.

❦

Mother of Graces, Mother of God's Son,
may you set me on the right course.

May you save me on sea and on land.
May you save me from the hell of torments.

Guard of angels over my head;
God before me and God with me.

A Íosa, a Mhuire agus a Iósaef,
Tugaimse daoibhse mo chroí agus m'anam.
A Íosa, a Mhuire agus a Iósaef,
Go raibh sibh ar mo chúram ar uair mo bháis.
A Íosa, a Mhuire agus a Iósaef,
Go bhfaighead bás síochánta
in bhur gcoimhdeachta naofa.

MÁTHAIR DÉ

A Mhaighdean Mhuire is muirní d'iompair Mac do Dhia,
A Ríon is cuimsí soilsí amharc ná an ghrian,
A Bhanríon os cionn gach oird a leanas do riail,
A Mháthair na hurnaí, coimrí m'anamsa iarraim.

∞

A Mháthair Íosa, ná séan mé choíche.
Bíse i mo smaointe i ló agus san oíche.
Nuair a chuirfidh tú fios orm chun dul go dtí tú,
Bíodh mo chroí comh geal le cúr na taoide.

∞

A Mhuire na ngrás, a Mháthair Mhic Dé,
Go gcuire tú ar mo leas mé.

Go sábhála tú mé ar muir is ar tír.
Go sábhála tú mé ar lic na bpian.

Garda na n-aingeal os mo chionn;
Dia romham is Dia liom.

The Seven Joys of the Virgin Mary

The first joy the Blessed Virgin had,
wasn't it the great joy,
was the joy she had from her One Son Jesus
when she brought him into the world in a stable.
Sing alleluia, sing alleluia,
sing allelu, sing allelu,
sing alleluia.

The second joy the Blessed Virgin had,
wasn't it the great joy,
was the joy she had from her One Son Jesus
when he walked with her upon the road.
Sing alleluia...

The third joy that the Blessed Virgin had,
wasn't it the great joy,
was the joy she had from her One Son Jesus
when he went reading his book.
Sing alleluia...

The fourth joy the Blessed Virgin had,
wasn't it the great joy,
was the joy she had from her One Son Jesus
when he turned the water into beer.
Sing alleluia...

SEACHT SUÁILCÍ NA MAIGHDINE MUIRE

An chéad suáilce a fuair an Mhaighdean Bheannaithe
Nárbh í sin an tsuáilce mhór:
Suáilce a fuair sí óna hAon-Mhac Íosa,
Gur thug sí ar an saol é i mbothán cró.
Seinn alleluia, seinn alleluia,
Seinn alliliú, seinn alliliú,
Seinn alleluia.

An dara suáilce a fuair an Mhaighdean Bheannaithe,
Nárbh í sin an tsuáilce mhór:
Suáilce a fuair sí óna hAon-Mhac Íosa,
Gur shiúil sé léithi an ród,
Seinn alleluia...

An tríú suáilce a fuair an Mhaighdean Bheannaithe
Nárbh í sin an tsuáilce mhór:
Suáilce a fuair sí óna hAon-Mhac Íosa,
Go ndeachaigh sé a léamh a leabhair,
Seinn alleluia...

An ceathrú suáilce a fuair an Mhaighdean Bheannaithe
Nárbh í sin an tsuáilce mhór:
Suáilce a fuair sí óna hAon-Mhac Íosa,
Go ndearna sé den uisce beoir,
Seinn alleluia...

The fifth joy the Blessed Virgin had,
wasn't it the great joy,
was the joy she had from her One Son Jesus
when he made the dead come to life.
Sing alleluia...

The sixth joy that the Blessed Virgin had,
wasn't it the great joy,
was the joy she had from her One Son Jesus
when with his blood he saved the world.
Sing alleluia...

The seventh joy the Blessed Virgin had,
wasn't it the great joy,
was the joy she had from her One Son Jesus
when he placed on her a crown.
Sing alleluia...

THE SEVEN SORROWS OF THE VIRGIN MARY
The Virgin's first sorrow was
when her Child was hunted down,
black caps on the Jews and they beating him,
allelu O Jesus, allelu you are my child,
allelu O Jesus, you are the bright King of Heaven.

The Virgin's second sorrow was
when her Child was hunted down,
a rough hairy shirt on him and his skin torn asunder,
allelu O Jesus...

An cúigiú suáilce a fuair an Mhaighdean Bheannaithe
Nárbh í sin an tsuáilce mhór:
Suáilce a fuair sí óna hAon-Mhac Íosa,
Go ndearna sé an marbh beo,
Seinn alleluia...

An séú suáilce a fuair an Mhaighdean Bheannaithe
Nárbh í sin an tsuáilce mhór:
Suáilce a fuair sí óna hAon-Mhac Íosa,
Gur shaor sé lena fhuil an domhan,
Seinn alleluia...

An seachtú suáilce a fuair an Mhaighdean Bheannaithe
Nárbh í sin an tsuáilce mhór:
Suáilce a fuair sí óna hAon-Mhac Íosa
Gur chuir sé uirthi coróin,
Seinn alleluia...

SEACHT NDÓLÁS NA MAIGHDINE MUIRE
An chéad dólás a bhí ar an Maighdean
nuair a tóiríodh a leanbh,
Caipíní dubha ar na Giúdaigh á ghreadadh.
Ailliliú ó a Íosa, ailliliú is tú mo leanbh,
Ailliliú ó a Íosa, is tú Rí geal na bhFlaitheas.

An dara dólás a bhí ar an Maighdean
nuair a tóiríodh a leanbh,
Léine gharbh róin air is a chraiceann á stracadh.
Ailliliú...

The Virgin's third sorrow was
when her Child was hunted down,
he on the cross of torment and the sharp nails tearing him,
allelu O Jesus...

The Virgin's fourth sorrow was
when her Child was hunted down,
he on the tree of the cross winning graces for our souls,
allelu O Jesus...

The Virgin's fifth sorrow was
when her Child was hunted down,
his head on the top of a spike spilling all his blood,
allelu O Jesus...

The Virgin's sixth sorrow was
when her Child was hunted down,
he on her fair breast stretched out cold and dead,
allelu O Jesus...

The Virgin's seventh sorrow was
when her Child was hunted down,
he stretched in the tomb and the flagstones across him,
allelu O Jesus...

An tríú dólás a bhí ar an Maighdean
nuair a tóiríodh a leanbh,
É ar an gcrois chéasta is na táirní géara á ghearradh.
Ailliliú...

An ceathrú dólás a bhí ar an Maighdean
nuair a tóiríodh a leanbh,
É ar chrann na croise ag fáil na ngrásta dár n-anam.
Ailliliú...

An cúigiú dólás a bhí ar an Maighdean
nuair a tóiríodh a leanbh,
A cheann ar bharr spíce ag tabhairt a chuid fola.
Ailliliú...

An séú dólás a bhí ar an Maighdean
nuair a tóiríodh a leanbh,
É ina hucht gléigeal agus é sínte fuar marbh.
Ailliliú...

An seachtú dólás a bhí ar an Maighdean
nuair a tóiríodh a leanbh,
É sínte san uaigh is na leacacha air trasna.
Ailliliú...

MARY'S LAMENT

Peter, Apostle, did you see my shining love?
Ochón and Ochón O!
I saw him lately in the middle of his foes.
Ochón and Ochón O!

Make it your care, two Marys,
to mourn my shining love.
Ochón...
What have we to mourn over unless we mourn his bones?
Ochón...

Who is that fine young man upon the tree of the passion?
Ochón...
Is it that you do not recognise your own Son, Mother?
Ochón...

Can this be the little Son I carried for three seasons?
Ochón...
Or is this the little Son that was born in the stable?
Ochón...

Or is this the little Son that was reared at Mary's breast?
Ochón...
Or is this the hammer that drove the nails through you?
Ochón...

Or is this the spear that went through your shining breast?
Ochón...
Or is this the crown of thorns
that went on your lovely head?
Ochón...

Caoineadh Mhuire

A Pheadair, a aspail, an bhfaca tú mo ghrá geal?
M'ochón agus m'ochón ó!
Chonaic mé ar ball é i lár a namhad,
M'ochón agus m'ochón ó!

Gabhaigí i leith, a dhá Mhuire,
go gcaoine sibh mo ghrá geal,
M'ochón...
Céard tá le caoineadh againn mura gcaoinfimis a chnámha?
M'ochón...

Cé hé an fear breá sin ar chrann na páise?
M'ochón...
An é nach n-aithníonn tú do Mhac, a Mháthair?
M'ochón...

An é sin an Maicín a d'iompair mé trí ráithe?
M'ochón...
Nó an é sin an Maicín a rugadh insa stábla?
M'ochón...

Nó an é sin an Maicín a hoileadh in ucht Mháire?
M'ochón...
Nó an é sin an casúr a bhuail tríot na táirní?
M'ochón...

Nó an í sin an tsleá a chuaigh trí do lár geal?
M'ochón...
Nó an í sin an choróin spíonta
a chuaigh ar do mhullach álainn?
M'ochón...

Listen to me, Mother dear, and do not be despondent,
Ochón...
The women who will mourn me have yet to be born.
Ochón...
Woman, who are weeping because of my plight,
Ochón...
Hundreds of thousands today will be in the
garden of Paradise.
Ochón...

ST PATRICK

Patrick, who are in the paradise of the sinless Son of God,
who give health and your good favour
to anyone who is poor,
I have come into your presence, weak and without vigour,
find me a home in paradise, the place where I will see you.

AT A HOLY WELL

May God bless you, St N.,
may Mary bless you, and I bless you myself.
To you I have come to complain of my trouble
and to ask your charity for the love of God.

Mhaise éist, a Mháithrín, agus ná bí cráite.
M'ochón...
Tá mná mo chaointe le breith fós, a Mháithrín.
M'ochón...
A bhean atá ag gol de bharr mo cháis-se,
M'ochón...
Beidh na céadta míle inniu
i ngairdín Pharthais.
M'ochón...

NAOMH PÁDRAIG
A Phádraig atá i bparthas Mhic Dé gan locht,
A bheir sláinte is do ghrásta
don té a bhíos bocht,
Tháinig mé i do láthairse agus mé lag gan lúth,
Faigh áras dom i bparthas, an áit a bhfeicfidh mé thú.

AG TOBAR NAOIMH
Go mbeannaí Dia duit, a A. Naofa,
Go mbeannaí Muire duit, agus beannaím féin duit.
Is chugat a tháinig mé ag gearrán mo phéin' duit,
Is ag iarraidh carthanachta as ucht Dé ort.

blessings

FOR A PRIEST
May God keep you always in the robe of Christ!

⚭

The likeness of Christ upon your robe!

FOR A BRIDE AND GROOM
May God and your marriage bring you joy!

⚭

Length to your life and days of sunshine,
and may you not leave this life till your child falls in love.

⚭

God give you joy of one another!

PASSING A GRAVEYARD
My blessings on you, Christ's faithful people,
who are here awaiting the glorious resurrection.
May he who suffered the passion for your sake
grant to you eternal rest.

beannachtaí

AR SHAGART
Go mbuanaí Dia i gcóta Chríost thú!

∞

Crot Chríost ar do chóta!

AR LANÚIN ATÁ AG PÓSADH
Go n-éirí Dia is do phósadh leat.

∞

Fad ar do shaoil agus laethanta geala
Is nár fhágair an saol seo go mbréagfar do leanbh.

∞

Go bhfága Dia ag a chéile sibh.

AG DUL THAR ROILIG
Beannaím daoibh, a fhíréana Chríost
Atá anseo ag feitheamh le haiséirí glórmhar.
An té a d'fhulaing páis ar bhur son
Go dtuga sé suaimhneas síoraí daoibh.